Este libro está dedicado a mis estudiantes.

-Señora Dorcely

Este libro le pertenece a:

_____

La Sra. K dice: "Este mes vamos a aprender sobre formas de mantenernos saludables".

Ella les pregunta a los niños: "¿Cómo se mantienen saludables?"

Algunos niños dicen: "Tenemos que dormir de 8 a 10 horas cada noche".

Algunos niños dicen: "Necesitamos tener cuerpos limpios para mantenernos saludables".

Tenemos que tomar una ducha.

Nos duchamos con agua y jabón.

Tenemos que lavarnos el cabello.

Nos lavamos el cabello con agua y con champú.

Nos peinamos el cabello.

Tenemos que lavarnos las manos para mantenernos saludables.

Nos lavamos las manos con agua y con jabón.

Algunos niños dicen: "Necesitamos tener los dientes limpios para mantenernos saludables".

Tenemos que cepillarnos los dientes.

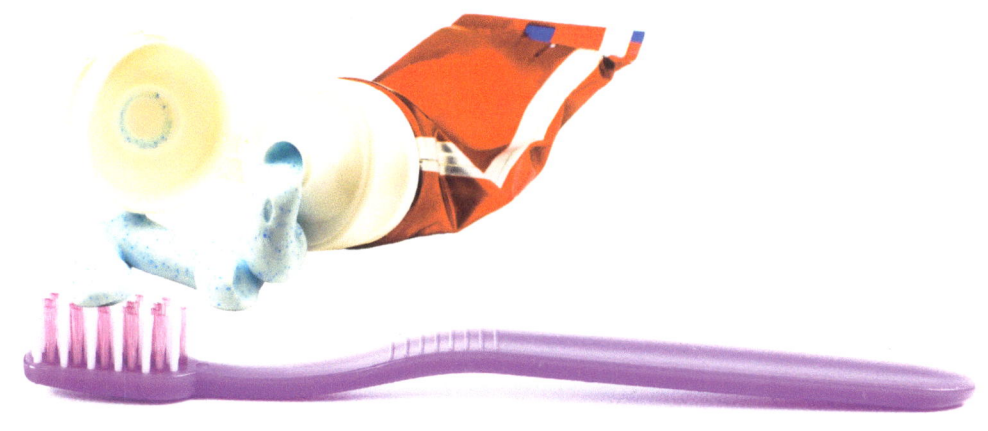

Nos cepillamos los dientes con un cepillo de dientes y pasta de dientes.

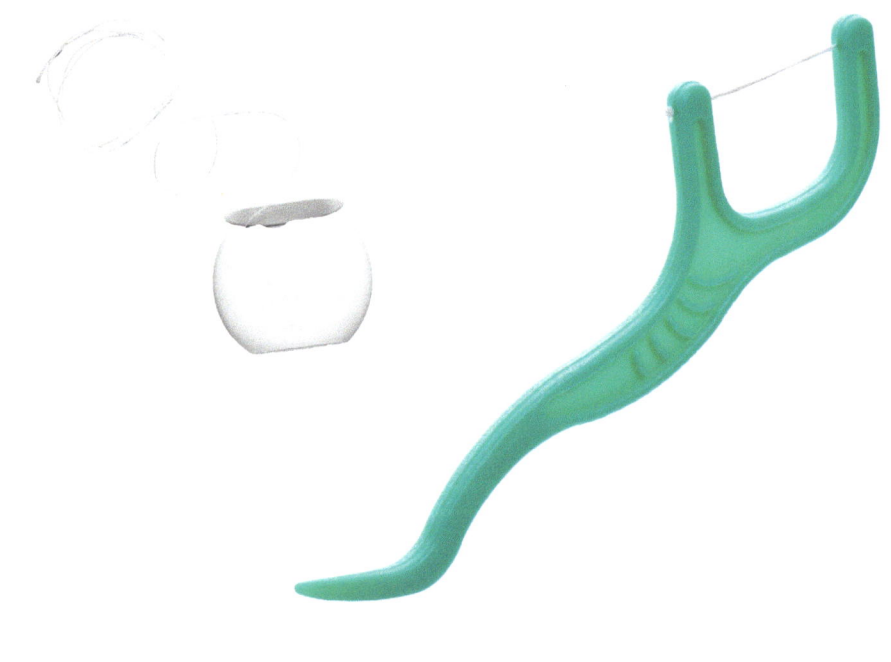

Tenemos que usar hilo dental.

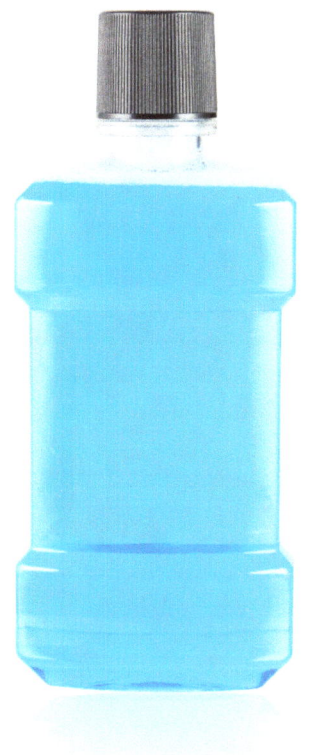

Nos enjuagamos la boca con enjuague bucal.

Algunos niños dicen: "Tenemos que comer alimentos saludables para mantenernos saludables".

**¡Mira nuestro plato!
Comemos una comida equilibrada.**

Tenemos que beber agua.

**¿Qué hay en tu plato?
¡Ahora te toca a ti hacer una comida equilibrada!**

Algunos niños dicen: "Tenemos que hacer ejercicio para mantenernos saludables".

Vamos al médico para nuestro chequeo anual para mantenernos saludables.

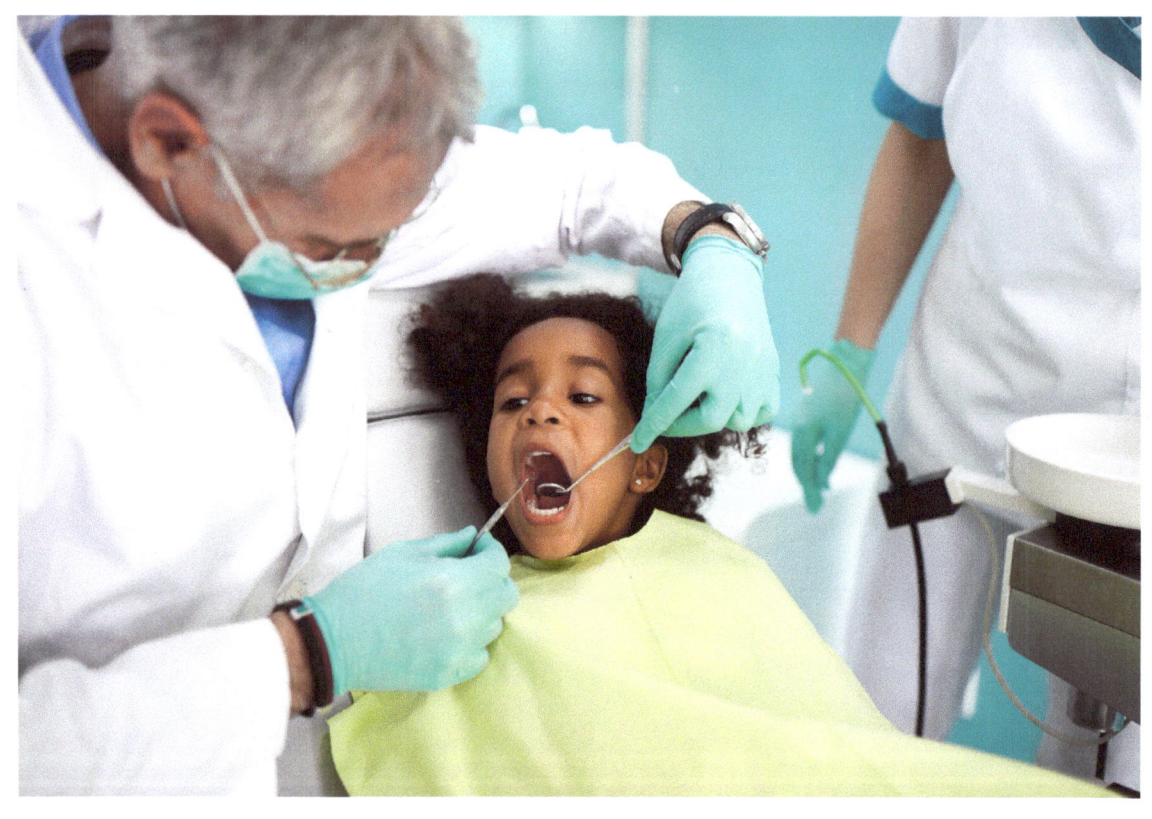

Tenemos que ir al dentista para mantenernos saludables.

¿Y tú? ¿Has ido al médico para tu revisión anual?

Dibuja y escribe sobre lo que hiciste en el médico.

Algunos niños dicen: "La felicidad nos mantiene saludables".

Algunos niños dicen: "La jardinería nos hace felices".

Algunos niños dicen: "cocinar nos hace felices".

Algunos niños dicen: "Jugar con burbujas los hace felices".

Algunos niños dicen: "Jugar con amigos nos hace felices".

Algunos niños dicen: "Leer libros nos hace felices".

¿Qué te hace feliz?

¡Míranos!

Estamos felices y saludables.

Fotos y palabras adaptables

Fotos y palabras adaptables

	lavar el cabello	lavar el cabello
	champú	champú
	peine	peine
	lavarse las manos	lavarse las manos

Fotos y palabras adaptables

	jabón	jabón
	agua	agua
	cepillarse los dientes	cepillarse los dientes
	pasta de dientes	pasta de dientes

Fotos y palabras adaptables

	cepillo de dientes	cepillo de dientes
	hilo dental	hilo dental
	enjuague bucal	enjuague bucal
	alimento	alimento

Fotos y palabras adaptables

	comida	comida
	agua	agua
	plato	plato
	doctor	doctor

Fotos y palabras adaptables

	dentista	dentista
	jardinería	jardinería
	cocinando	cocinando
	Burbujas	Burbujas

Fotos y palabras adaptables

	Jugar	jugar
	leer	leer
	niños	niños

www.ingramcontent.com/pod-product-compliance
Lightning Source LLC
Chambersburg PA
CBHW060759090426
42736CB00002B/81